Docteur H. GIRET

Contribution à l'Étude

des

# Luxations complexes

des

# Quatre derniers doigts

# CONTRIBUTION A L'ÉTUDE

### DES

# LUXATIONS COMPLEXES

### DES

## QUATRE DERNIERS DOIGTS

# THÈSE

Présentée et publiquement soutenue à la Faculté de Médecine de Montpellier

### Le 16 Février 1909

PAR

## H. GIRET

DOCTEUR EN MÉDECINE

### MONTPELLIER

SOCIÉTÉ ANONYME DE L'IMPRIMERIE GÉNÉRALE DU MIDI

1909

# PERSONNEL DE LA FACULTÉ

MM. MAIRET (✻)................... Doyen
SARDA....................... Assesseur

## PROFESSEURS

Clinique médicale........................... MM. GRASSET (✻).
Chargé de l'enseignement de pathol. et thérap. génér.
Clinique chirurgicale........................... TEDENAT (✻).
Thérapeutique et matière médicale................. HAMELIN (✻).
Clinique médicale........................... CARRIEU.
Clinique des maladies mentales et nerveuses.......... MAIRET (✻).
Physique médicale........................... IMBERT.
Botanique et Histoire naturelle médicale.............. GRANEL.
Clinique chirurgicale........................... FORGUE (✻).
Clinique ophtalmologique........................... TRUC (✻).
Chimie médicale........................... VILLE.
Physiologie........................... HEDON.
Histologie........................... VIALLETON
Pathologie interne........................... DUCAMP.
Anatomie........................... GILIS.
Clinique chirurgicale infantile et orthopédique......... ESTOR.
Microbiologie........................... RODET.
Médecine légale et Toxicologie........................... SARDA.
Clinique des maladies des enfants........................... BAUMEL.
Anatomie pathologique........................... BOSC.
Hygiène........................... BERTIN-SANS H.
Pathologie et thérapeutique générales................ RAUZIER.
Chargé de l'enseignement de la clinique médicale.
Clinique obstétricale........................... VALLOIS.

*Professeurs adjoints* : M. De ROUVILLE, PUECH, MOURET
*Doyen honoraire* : M. VIALLETON.
*Professeurs honoraires* : M. E. BERTIN-SANS (✻), GRYNFELTT
*Secrétaire honoraire* : M. H. GOT

## CHARGÉS DE COURS COMPLÉMENTAIRES

Clinique ann. des mal. syphil. et cutanées.... MM. VEDEL agrégé.
Clinique annexe des maladies des vieillards .... VIRES, agrégé.
Pathologie externe........................... LAPEYRE, agrégé libre.
Clinique gynécologique........................... De ROUVILLE, prof. adj.
Accouchements........................... PUECH, prof. adj.
Clinique des maladies des voies urinaires ...... JEANBRAU, agrégé.
Clinique d'oto-rhino-laryngologie........................... MOURET, prof. adj.
Médecine opératoire........................... SOUBEIRAN, agrégé.

## AGRÉGÉS EN EXERCICE

| | | |
|---|---|---|
| MM. GALAVIELLE | MM. SOUBEYRAN. | MM. LEENHARDT. |
| VIRES. | GUÉRIN. | GAUSSEL. |
| VEDEL. | GAGNIÈRE. | RICHE. |
| JEANBRAU. | GRYNFELTT Ed. | CABANNES |
| POUJOL. | LAGRIFFOUL. | DERRIEN |

M. IZARD, *Secrétaire.*

## EXAMINATEURS DE LA THÈSE

| | |
|---|---|
| MM. FORGUE, *président.* | MM. JEANBRAU, *agrégé* |
| RAUZIER, *professeur.* | RICHE, *agrégé.* |

La Faculté de Médecine de Montpellier déclare que les opinions émises dans les Dissertations qui lui sont présentées doivent être considérées comme propres à leur auteur ; qu'elle n'entend leur donner ni approbation ni improbation.

JE DÉDIE CE MODESTE TRAVAIL

## A MA MÈRE

*En témoignage de mon infinie reconnaissance.*

## A LA MÉMOIRE DE MON PÈRE

*Qui fut mon premier Maître.*

## A MA SŒUR

## A MON GRAND-PÈRE

H. GIRET.

A MON PRÉSIDENT DE THÈSE

## Monsieur le Docteur FORGUE

PROFESSEUR DE CLINIQUE CHIRURGICALE

CHEVALIER DE LA LÉGION D'HONNEUR

## A Monsieur le Professeur Agrégé RICHE

H. Giret.

# CONTRIBUTION A L'ÉTUDE

DES

# LUXATIONS COMPLEXES

DES

## QUATRE DERNIERS DOIGTS

---

## INTRODUCTION

« Tandis qu'on se dispense aujourd'hui de supputer le
» nombre des luxations du pouce, et qu'un chirurgien
» d'hôpital en compte toujours quelques exemples dans son
» recueil d'observations personnelles, les relevés les plus
» récents en ce qui concerne les autres doigts, font con-
» naître en tout : trois cas de luxations métacarpo-phalan-
» giennes pour l'index, deux pour l'auriculaire, un pour
» le médius. Il faut ajouter à ces chiffres trois luxations
» multiples, dont l'une affectait l'annulaire et le petit doigt,
» l'autre l'index et le médius, et la dernière les quatre doigts
» à la fois. Je n'ai pas pu grossir ce total en compulsant les
» publications périodiques de ces dernières années; mais je
» vais en raconter un nouveau qui, à défaut d'autre mérite,
» aurait celui de porter à quatre le nombre des luxations

» métacarpo-phalangiennes restreintes à l'indicateur. » (1)

Cette constatation de M. le professeur Moutet, qui date de 1861, est encore vraie aujourd'hui; les luxations métacarpo-phalangiennes des quatre derniers doigts sont une rareté. Les livres classiques sont très brefs à leur sujet, tandis que celles du pouce ont été l'objet de nombreux travaux.

Nous ne nous occuperons dans notre travail que des *« luxations complexes en arrière»*, et nous définirons les luxations complexes *des luxations primitivement simples complètes devenues irréductibles par suite de manœuvres de réduction mal combinées*. Toujours la luxation simple complète précède la luxation complexe, et cette dernière a des caractères et une physionomie clinique bien déterminés.

Il nous a semblé qu'il pouvait y avoir quelque intérêt, malgré cette rareté des luxations complexes des quatre derniers doigts, à montrer le *mécanisme exact de leur irréductibilité* — puisqu'aussi bien on n'a pas toujours été d'accord sur la cause de cette irréductibilité — à bien établir *leur étude anatomique et clinique* et *leur traitement le plus rationnel*.

L'idée de cette étude nous a été suggérée par une belle et récente observation de M. le professeur agrégé Riche. C'est cette observation que nous avons placée en tête de notre thèse parce qu'elle en est la base et la raison d'être.

Dans un premier chapitre, nous avons brièvement rappelé l'anatomie et la physiologie normales des articulations métacarpo-phalangiennes; après l'anatomie normale, l'anatomie pathologique constitue le chapitre II; le chapitre III est consacré à l'étiologie et au mécanisme; le chapitre IV à

(1) MOUTET. — Montpellier Médical, t. VI, 1861.

l'étude clinique; le chapitre V, au pronostic et au traitement.

Mais avant d'aborder notre sujet, nous sommes heureux de remercier nos Maîtres de la Faculté de Médecine de Montpellier et en particulier M. le professeur Forgue, qui a bien voulu nous faire l'honneur de présider cette thèse.

M. le docteur Vanverts, chirurgien des hôpitaux de Lille, s'est montré pour nous d'une très grande obligeance : nous lui adressons l'hommage de notre vive sympathie.

M. le professeur agrégé Riche a droit à toute notre reconnaissance pour la bienveillance et les bons conseils qu'il n'a cessé de nous prodiguer pendant toute la durée de nos études à la Faculté de Médecine de Montpellier.

## OBSERVATION PREMIÈRE

Luxation complexe irréductible de l'index droit. Réduction sanglante. Résultat
fonctionnel satisfaisant.

Par le Docteur V. Riche, Professeur agrégé à la Faculté

J... François, âgé de 29 ans, garçon de café, fait le 6 avril
1908 une chute de bicyclette; le poids du corps porte sur
le bord radial de sa main droite, qui repose à terre par son
bord cubital. Il accuse aussitôt une douleur assez vive et
constate une déformation caractérisée par la déviation de
l'index vers le bord cubital de la main; il est à noter, et le
malade est très affirmatif sur ce point, que le doigt à aucun
moment n'a subi de déplacement dans le sens antéro-postérieur. L'impotence fonctionnelle est absolue dans l'articulation métacarpo-phalangienne.

Le même jour, le malade voit un empirique, qui pratique
de vaines manœuvres de réduction; le lendemain, il con-
sulte un médecin de la ville, qui n'est pas plus heureux.

Je vois le malade à la Consultation de chirurgie le 17
avril, onze jours après l'accident. Il se plaint uniquement de
la perte complète des mouvements de flexion de l'index
droit, ce qui le gêne beaucoup, étant donnée sa profession.

A l'examen de la main droite, l'index et le médius, en
extension, sont déjetés obliquement en dedans, vers le bord
interne de la main, la phalange unguéale étant fortement
déviée, tandis que la phalange métacarpienne semble avoir
gardé ses connexions normales.

On note un léger œdème au niveau de l'articulation
métacarpo-phalangienne de l'index. En ce point, à la face

externe, on sent la saillie formée sous la peau par la tête du
deuxième métacarpien, plus nette que du côté sain; le
tubercule phalangien est plus difficilement perceptible.
La palpation dans le sens antéro-postérieur est douloureuse; elle permet de sentir l'interligne métacarpo-phalangien; il n'y a pas d'augmentation des dimensions antéro-
postérieures, donc pas de chevauchement des extrémités
articulaires; d'ailleurs la longueur du doigt est normale
lorsqu'on le ramène dans la rectitude. L'index se laisse en
effet ramener vers le bord radial, dans le prolongement de
l'axe du métacarpien, *mais il n'y reste pas*, et reprend sa
position oblique dès qu'il est abandonné à lui-même; on a
pendant cette manœuvre la sensation que la phalange glisse
sur le métacarpien avec un frottement doux.

La flexion et l'extension des deuxième et troisième phalanges sont absolument normales; une très légère hyperextension est possible au niveau de l'articulation métacarpo-
phalangienne; mais la flexion de la première phalange est
absolument impossible; si l'on essaie de la provoquer en
exerçant une pression sur sa face dorsale, on détermine de
la douleur dans l'interligne articulaire; une résistance
élastique, mais forte, maintient invinciblement la phalange
dans sa position d'extension.

L'articulation métacarpo-phalangienne du médius est
normale; les mouvements de flexion y sont limités, mais
possibles dans une certaine étendue; quant au déplacement vers le bord cubital, il est la conséquence du refoulement par l'index lui-même dévié.

D'après ces données et l'affirmation du malade qu'il n'y
a jamais eu de déplacement dans le sens antéro-postérieur,
étant donnés les commémoratifs de chute sur le bord radial
du doigt intéressé, je pense d'abord à une subluxation de
la phalange en dedans avec rupture du faisceau métacarpo-

phalangien du ligament latéral externe. Trouvant ensuite le tendon extenseur déjeté en dedans, je conclus qu'il y a eu probablement aussi déchirure de ses expansions fibreuses latérales et luxation interne de ce tendon, ce qui explique la subluxation de la phalange vers le bord cubital et aussi la reproduction spontanée du déplacement.

La radiographie est faite le lendemain, par mon ami le professeur agrégé Gagnière. Elle montre, au niveau de l'index, un déplacement latéral de la phalange sur la tête du métacarpien : ce déplacement est tel qué seule une très petite partie de la cavité glénoïde phalangienne, environ le quart externe, est restée en connexion avec la tête métacarpienne, à sa partie la plus interne, le tubercule phalangien externe répondant à la partie moyenne de la tête. De plus, par comparaison avec les articulations voisines, un intervalle trois fois plus considérable qu'à l'état normal sépare l'une de l'autre les surfaces articulaires. Pas de sésamoïde; pas d'arrachement osseux. Au niveau du médius, il existe une légère obliquité de la phalange sur l'axe du métacarpien, mais les surfaces articulaires ont gardé leurs rapports normaux.

Je conclus donc à une *luxation incomplète de l'index en dedans*, maintenue par un déplacement de même sens des tendons extenseurs.

La date déjà pas très récente de l'accident, les caractères du déplacement, sa reproduction rapide après une correction facile, mais qui laisse entière la gêne fonctionnelle, ne me permettent pas d'espérer une réduction aisée. Aussi fais-je entendre à mon malade qu'il sera probablement nécessaire, en cas d'échec des tentatives de réduction sous anesthésie, d'en venir à la réduction sanglante.

Le 23 avril, sous l'anesthésie générale au chlorure d'éthyle, je fais des tentatives de réduction. L'index se laisse facilement ramener dans la rectitude, vers le bord radial de la main, mais le déplacement se reproduit aussitôt, dès que cesse l'action de la force agissante. Malgré des pressions éner-

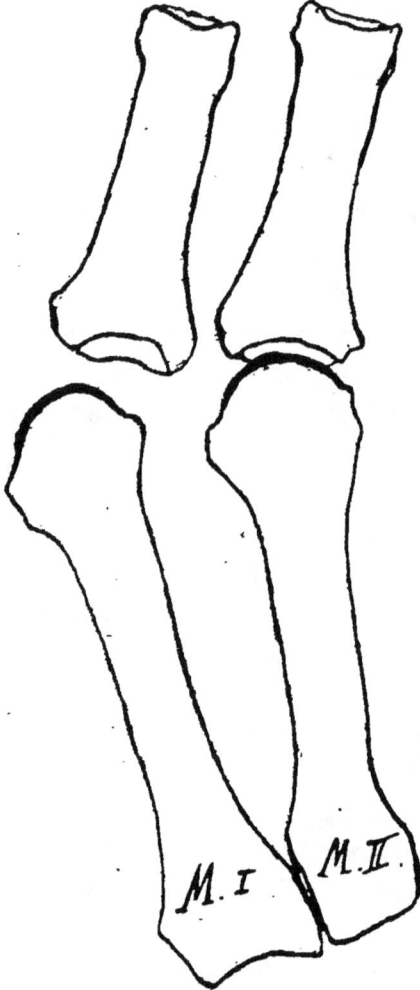

M. I : *deuxième* métacarpien ; M. II : *troisième* métacarpien

Cette figure, calquée sur la radiographie, montre bien la déviation latérale de l'index et du médius ; au niveau de l'index, on voit que seule la partie externe de la cavité glénoïde de la phalange répond encore à la surface articulaire métacarpienne. On remarque aussi l'augmentation considérable de l'interligne métacarpophalangien de l'index, comparativement à celui du médius, qui est normal. A noter que M. I. représente le métacarpien de *l'index*, et M. II. celui du *médius*.

giques sur la phalange, la flexion est absolument impossible. Pensant alors à une *luxation complexe* avec transport en dedans, déterminée par les tentatives de l'empirique, j'essaie la manœuvre de Farabeuf : tirant fortement sur la phalange, dans l'axe du métacarpien, de façon à écarter l'une de l'autre les deux extrémités articulaires, je tâche de la porter dans l'hyperextension sur le métacarpien; j'ai toujours la même sensation de résistance élastique, mais que je ne puis surmonter. Ces tentatives sont vainement renouvelées, et je renonce à tout espoir de réduction par des procédés non sanglants.

Sur mon conseil, le malade entre dans le service de mon Maître M. le professeur Forgue.

Le lendemain 24 avril, dix-huit jours après l'accident, je pratique la réduction sanglante sous l'anesthésie locale cocaïnique. Incision dorsale allant de la partie moyenne du deuxième métacarpien à la partie moyenne de la phalange. Le tendon extenseur est normal, mais un peu déplacé en dedans; ses expansions fibreuses latérales sont absolument intactes. Je les sectionne parallèlement au tendon, et sur son bord externe, et pénètre ainsi dans l'articulation, après avoir récliné en dedans le tendon extenseur. Au premier abord, les surfaces articulaires ne sont pas visibles, et une exploration attentive est nécessaire pour se rendre compte de leurs rapports ; je vérifie qu'il n'existe aucun déplacement de la phalange dans le sens antéro-postérieur. Déjetée en dedans, elle est séparée de la tête du métacarpien par un intervalle de 4 à 5 millimètres, que comble du tissu fibreux très résistant, interposé entre les deux surfaces articulaires. Il est impossible de voir nettement à quelle partie du surtout ligamenteux on a affaire; pensant qu'il s'agit du ligament glénoïdien, j'essaie en vain de le refouler vers la partie palmaire de l'articulation, et suis

obligé d'en pratiquer l'ablation au bistouri, par morcelle-
ment. Aussitôt après, les surfaces articulaires apparaissent
normales; l'index peut être remis dans l'axe du métacarpien,
avec quelques craquements légers; la concordance est
parfaite entre les surfaces articulaires, et le déplacement
latéral n'a plus aucune tendance à se reproduire; la flexion
de la phalange métacarpienne est complète et atteint 90°.

Les plans fibreux péri-articulaires de la région dorsale
sont suturés au catgut; un petit surjet de soie fine rattache
au tendon son expansion fibreuse sectionnée; autour du
tendon, une gaine celluleuse est reconstituée par quelques
points de catgut. La suture cutanée est faite au crin de
Florence, sans drainage; le doigt et la main sont immobilisés
en extension sur une planchette.

La réunion se fait par première intention, et la guérison
est complète dans les premiers jours de mai; mais il existe
de la raideur articulaire, et les mouvements de flexion
sont très limités; je recommande au malade de mobiliser
sa jointure le plus possible, et une amélioration notable
se produit.

L'état actuel (novembre 1908) peut être considéré comme
définitif. La cicatrice dorsale est souple, linéaire; les mouvements d'extension des trois phalanges sont aisés et normaux; la flexion des phalanges intermédiaire et unguéale
est aussi normale; seule la flexion de la phalange métacarpienne reste limitée et ne dépasse pas 30°. Mais le malade
se déclare très satisfait de ce résultat, qui lui permet d'exer-
cer sa profession sans aucune gêne.

# CHAPITRE PREMIER

## A. — Anatomie

**Surfaces articulaires.**—Les surfaces articulaires en présence sont les quatre derniers métacarpiens et les premières phalanges des quatre derniers doigts.

*Du côté des métacarpiens*, on trouve : une tête aplatie transversalement, s'étendant plus loin du côté de la région palmaire que du côté de la région dorsale; sur les faces latérales, une dépression rugueuse que limite en arrière un fort tubercule. La surface articulaire est recouverte par une lame de cartilage plus épaisse en bas et en avant.

*Du côté des phalanges* : une cavité glénoïde plus étendue dans le sens transversal que dans le sens antéro-postérieur. A droite et à gauche de cette glène phalangienne, deux petites saillies en forme de tubercules. La cavité glénoïde présente donc les mêmes dispositions que celles que nous avons remarquées sur le métacarpien ; mais son volume est loin d'être suffisant pour contenir la tête métacarpienne puisqu'il n'équivaut qu'aux deux cinquièmes (Testut) de cette dernière.

Les surfaces articulaires de l'articulation du pouce ne diffèrent par aucun caractère essentiel de celles des quatre derniers doigts.

**Ligament glénoïdien.** — Une lame fibro-cartilagineuse agrandit la cavité glénoïde du côté palmaire. La plupart des auteurs désignent ce fibro-cartilage sous le nom de *ligament glénoïdien*; d'autres l'appelent *ligament sésamoïdien* en raison du sésamoïde qu'on peut y trouver inclus; d'autres enfin se refusent à lui donner le nom de ligament et des considérations histologiques leur font le dénommer *fibro-cartilage d'agrandissement*. Quoi qu'il en soit, cette lame fibro-cartilagineuse joue un rôle primordial dans les luxations complexes des quatre derniers doigts.

De forme quadrilatère, elle s'implante en bas sur la partie antérieure de la glêne phalangienne, très solidement à chacun de ses tubercules, puis se porte en haut et en avant. Elle vient s'insérer sur le col du métacarpien où elle forme une espèce de collier assez lâche presque sans adhérences (Sappey) (1). Cette insertion supérieure du ligament glénoïdien est très faible. La face antérieure présente une gouttière longitudinale pour les tendons fléchisseurs, la face postérieure est concave et articulaire.

Le *ligament glénoïdien* considéré en lui-même est rigide en raison même de sa constitution cartilagineuse et offre une très grande résistance. D'après M. Polaillon, celui de l'index renferme un *os sésamoïde* constant dont le volume est à peu près égal à celui d'une lentille. Nous devons à la vérité de dire que ce sésamoïde n'existait pas dans le cas de Riche. On peut en rencontrer encore un dans le ligament glénoïdien du médius; plus fréquemment encore dans celui du petit doigt. Il semble bien que ces os sésamoïdes de faible volume et d'ailleurs inconstants ne sont à signaler que comme faisant partie de la texture du ligament et ne peuvent en aucune façon jouer le rôle de ceux du pouce.

**Moyens d'union.** — Quatre ligaments : une capsule, deux ligaments latéraux et un ligament transverse.

(1) SAPPEY. — Traité d'anatomie descriptive.

Les *ligaments latéraux* sont les véritables moyens d'union de l'articulation. Ils se distinguent en interne et externe, ce dernier étant plus épais et plus fort que l'autre. Ils ont la forme d'un éventail, dont le sommet s'insère au tubercule déjà signalé sur le condyle ou tête métacarpienne. De là les fibres se portent obliquement en bas et en avant et viennent se fixer : les unes, postérieures ou phalangiennes, sur les tubercules latéraux des phalanges ; les autres, antérieures ou glénoïdiennes, sur la partie correspondante du ligament glénoïdien.

Le *ligament transverse* est une bandelette transversale qui passe au devant des articulations métacarpo-phalangiennes reliant les têtes des quatre derniers métacarpiens.

*La capsule* est un manchon fibreux mince et large s'insérant : en haut sur le pourtour de la tête du métacarpien, en bas sur le pourtour de la cavité glénoïde. A la face antérieure de l'articulation, cette capsule se confond avec le ligament glénoïdien. Mais à la face postérieure elle n'existe pour ainsi dire pas. C'est le tendon extenseur qui joue le rôle de ligament. Celui-ci envoie latéralement des expansions fibreuses importantes à signaler qui se continuent avec les tendons des interosseux, des lombricaux, et le ligament transverse inférieur.

Pour compléter cette brève description anatomique des articulations métacarpo-phalangiennes, disons que chacune a sa *synoviale*, synoviale très large, surtout en arrière (1).

## B. — Physiologie

« L'articulation de la première phalange avec le métacarpien correspondant est une articulation condylienne.

(1) D'après Testut. Traité d'anatomie humaine.

**Mouvements.**— La première phalange se fléchit et s'étend sur le métacarpe; elle s'incline latéralement soit en dedans soit en dehors; elle présente en outre des mouvements de circumduction et de rotation :

a) *Flexion et extension.* — Dans la flexion, la première phalange s'incline vers la paume de la main ; elle s'en éloigne dans l'extension. Les mouvements s'exécutent autour d'un axe transversal qui passerait par le condyle un peu en avant de l'insertion supérieure des ligaments latéraux. Dans les mouvements de flexion, les faisceaux glénoïdiens des ligaments latéraux se relâchent, tandis que les faisceaux phalangiens se tendent ; c'est le contraire pour l'extension.

b) *Inclinaison latérale.* — Dans les mouvements d'inclinaison latérale, la phalange glisse transversalement sur le condyle et s'incline soit vers l'axe de la main (adduction), soit vers l'un de ses bords (abduction). Des deux ligaments latéraux, celui vers lequel se fait l'inclinaison se relâche, l'autre se tend et limite les mouvements.

c) *Circumduction.* — Le mouvement de circumduction résulte de l'exécution successive des mouvements précédents.

d) *Rotation.*—Ce mouvement, peu appréciable dans les conditions normales, n'est bien visible que sur le cadavre quand on a fixé le métacarpien et qu'on essaye de faire tourner sur lui la phalange qui lui correspond (1). »

(1) Testut. Traité d'anatomie humaine, t. I.

2

# CHAPITRE II

## Anatomie pathologique

Les interventions chirurgicales et les expériences sur les cadavres ont montré, dans les luxations complexes des quatre derniers doigts des lésions des ligaments, des os et des surfaces articulaires, des parties péri-articulaires.

**Légions de ligaments.** — *Ligaments latéraux.* Dans les expériences sur les cadavres, on constate leur déchirure ou même leur désinsertion dans la plupart des cas.

La désinsertion se fait le plus souvent au niveau de leurs attaches antérieures au métacarpien.

Les déchirures ligamenteuses se produisent vraisemblablement au moment où la luxation complète est transformée en luxation complexe, au moment où le doigt en qyperextension est brusquement fléchi. En effet, ce sont les mouvements de flexion, ainsi que l'a montré M. Poïrier, qui tendent les ligaments latéraux, les mouvements d'extension qui les relâchent: il est àpeu près impossible de faire exécuter aux doigts des mouvements de circumduction lorsqu'ils sont fléchis au maximum.

Au cours des interventions chirurgicales, on a trouvé moins souvent les ligaments latéraux rompus ou déchirés. Les lésions du ligament interne sont plus fréquentes que celles du ligament externe; il semble que, pour produire ces dernières, il faut que la phalange ait été tordue sur le métacarpien.

Farabeuf fait de la déchirure du ligament interne et même du ligament externe dans les luxations du pouce une condition indispensable pour l'interposition du ligament glénoïdien. « Sans cet arrachement du ligament la pha-
» lange ne peut chevaucher loin sur le métacarpien et laisse
» tout juste de la place à l'os sésamoïde qui monte en croupe
» après elle » (1).

A l'encontre de l'opinion de Farabeuf, nous citerons un cas où le ligament latéral externe, resté intact dans une luxation complexe de l'index, était, au contraire, une cause d'irréductibilité. « Une incision fut pratiquée sur le côté
» externe du doigt et l'articulation fut ouverte. Alors on
» vit le fibro-cartilage interposé entre les os où il était retenu
» par le ligament latéral externe. Après la section de ce
» ligament, le fibro-cartilage fut retiré de l'espace inter-arti-
» culaire au moyen d'un crochet mousse et la réduction
» s'opéra facilement » (2).

*Ligament glénoïdien.* — Généralement dans les expériences sur les cadavres, comme dans les interventions chirurgicales, on le trouve détaché de ses faibles insertions métacarpiennes. Dans un plus petit nombre de cas, on observe seulement une déchirure du ligament glénoïdien près de son insertion supérieure, déchirure à travers laquelle passe la tête du métacarpien. (Obs. n° IV.)

Le bord libre du ligament glénoïdien désinséré est, dans la presque totalité des observations connues, appliqué sur la tête métacarpienne et complètement retourné sur lui-même.

(1) FARABEUF, cité par FRUCHAUD. Thèse Paris, 1891.
(2) ROBSON (The Lancet, 26 juillet 1890), cité par FRUCHAUD.

Dans l'observation de Riche, et ce cas est unique, croyons-nous, le bord libre du ligament glénoïdien ayant rebroussé chemin fut trouvé dans l'interligne articulaire qu'il comblait, produisant ainsi un écart entre les os et consécutivement un allongement du doigt.

S'il existe un sésamoïde, on le trouve serré entre les os déplacés (Observation Pichon, n° III).

**Lésions des os et des surfaces cartilagineuses.** — A la suite de la désinsertion des ligaments latéraux, une lamelle du périoste et même de l'os est détachée, si le traumatisme a été violent ou bien si l'on a vigoureusement rabattu le doigt.

Cliniquement, les lésions osseuses sont plus difficiles à constater, la réparation se faisant assez rapidement.

Nulle part, nous n'avons trouvé l'indication de lésions des cartilages de revêtement.

**Lésions des parties périarticulaires.** — Les parties molles qui entourent l'articulation sont plus ou moins contusionnées suivant la violence du traumatisme.

Quand la tête du métacarpien est brusquement projetée du côté de la face palmaire, elle se crée une issue à la peau et détermine deux portions musculaires sur chacun des côtés de la base de la phalange. Dans l'observation de Moutet, la tête du deuxième métacarpien avait perforé la peau et se montrait à nu à la paume de la main.

Le tendon extenseur peut subir un déplacement (obs. Riche), et si la luxation est ancienne on observe un raccourcissement de ce même tendon et des ligaments fibro-musculaires qui unissent la phalange au métacarpien. (Vanverts).

# CHAPITRE III

## Etiologie et Mécanisme

Conditions étiologiques générales. — Les luxations complexes des quatre derniers doigts constituent une lésion excessivement rare. Nous n'avons pu en réunir qu'une dizaine de cas dans toute la littérature médicale. Les luxations correspondantes du pouce s'observent plus fréquemment.

Si encore on fait une distinction parmi les quatre doigts, on remarque que ce sont les doigts chefs de file qui sont les plus éprouvés : la luxation porte le plus souvent sur l'index, beaucoup plus rarement sur le petit doigt, exceptionnellement sur le médius et l'annulaire.

Les observations ont trait à des enfants se livrant à des exercices violents ou à des adultes accomplissant un travail manuel. Il n'y en a pas se rapportant à une personne du sexe féminin.

*Les causes efficientes* se divisent en deux groupes :

1º *Causes directes* : un traumatisme (coup de pied de cheval, rouleau de machine à écraser le macadam, etc.) porte directement sur l'articulation.

2º *Causes indirectes* : En *premier lieu*, la main, jouant le rôle de force agissante, heurte violemment un plan qui ne cède pas. On connaît un curieux exemple de luxation succédant à un coup donné contre une porte, dans le but de l'ouvrir, les doigts étendus.

*En second lieu,* — et c'est ce qu'on observe le plus souvent — il s'agit d'une chute sur la face palmaire de la main. Quand le corps est projeté contre le sol ou contre un plan solide quelconque, la main s'interpose naturellement entre ce plan, qui est la résistance, et le corps, qui est la force agissante. Dans cette position de chute, les doigts, habituellement étendus, sont portés dans l'hyperextension.

**Mécanisme de production de la luxation simple complète, étape nécessaire vers la luxation complexe. — Réductibilité habituelle de cette luxation.**

La cause des luxations simples complètes des quatre derniers doigts est donc toujours un mouvement forcé d'extension amenant le renversement de la première phalange en arrière. Comme conséquence de ce renversement de la première phalange, le *ligament glénoïdien est détaché de ses insertions métacarpiennes.* Nous avons déjà insisté sur la fragilité de ces attaches supérieures du ligament.

Supposons la phalange perpendiculaire sur le métacarpien : la luxation simple complète est constituée. Les surfaces articulaires ont perdu leurs connexions; le ligament glénoïdien a suivi la phalange dans l'arc de cercle que celle-ci décrit autour de l'articulation pour centre.

Son bord libre flotte dans l'angle dièdre formé par les surfaces articulaires; il est à la hauteur de la face dorsale de la tête métacarpienne.

Il n'y a néanmoins encore aucune interposition : le ligament est là, pour ainsi dire, en position indifférente; il peut encore refaire en sens inverse le chemin qu'il a parcouru.

Si on fait glisser la phalange d'arrière en avant, si on la repousse « en grattant la tête métacarpienne », on repoussera en même temps le ligament glénoïdien et la luxation simple complète pourra être réduite.

C'est ce qui se produit habituellement quand la réduction est confiée à des mains expertes.

**Mais il est des cas où ces luxations peuvent être irréductibles. — Comment faut-il entendre cette irréductibilité ? — Par quel mécanisme ces luxations peuvent-elles être irréductibles ?**

Nous n'aurons en vue ici que l'irréductibilité primitive, celle qui accompagne les luxations récentes. Dans les luxations anciennes, en effet, à la cause principale de l'irréductibilité s'ajoutent des causes multiples accessoires.

Tour à tour on a placé la cause de l'irréductibilité primitive dans les *extrémités osseuses*, dans *l'appareil ligamenteux*, *dans l'appareil musculaire* des articulations métacarpophalangiennes.

— Faut-il croire, avec B. Bell, que *des rapports anormaux se créent entre les os luxés* et rendent toute réduction impossible ?

Non, l'obstacle ne saurait résider dans les surfaces articulaires, puisque les luxations sont souvent réductibles sur le cadavre (1). D'ailleurs cette conception est incompatible avec les données anatomiques.

— Faut-il incriminer, avec Dupuytren, *les ligaments latéraux* qui, d'après lui, devenant perpendiculaires à l'axe des os au lieu de leur être parallèles, maintiennent la phalange fortement appliquée contre le métacarpien ?

M. Poirier a démontré que c'est précisément dans cette

(1) BIÉCHY, cité par FRUCHAUD.

position que les ligaments latéraux sont relâchés. De plus, nous avons dit, au chapitre de l'Anatomie Pathologique, que ces ligaments sont, dans la plupart des cas, déchirés ou même rompus.

— M. le professeur Moutet, de Montpellier, à la suite de J.-L. Petit, S. Cooper, Boyer, défendait la théorie *de la contractilité musculaire* (1).

La difficulté à réduire ne peut être due à la contractilité musculaire, du moins en totalité. Il y a des cas où l'anesthésie chloroformique n'a été d'aucun secours. Des expériences de laboratoire, d'autre part, ont montré des articulations luxées, complètement irréductibles après qu'on les eût dépouillées de tout l'appareil musculaire.

Non, la véritable cause de l'irréductibilité consiste en ce qu'un fait nouveau s'est produit, une circonstance aggravante pour la luxation est survenue, qui est la transformation de la luxation primitivement simple complète en une luxation complexe.

**La vraie cause, la cause la plus habituelle de l'irréductibilité des luxations simples complètes en arrière est leur transformation en luxations complexes.**

La réduction fut facilement opérée dans le cas de Moutet, parce qu'on ne se trouvait pas en présence d'une luxation complexe, mais seulement d'une luxation complète, non aggravée par des manœuvres inconsidérées.

Dans nos observations, on trouvera presque toujours la trace de cette transformation d'une luxation habituellement réductible en une luxation irréductible.

(1) Nous donnons, à la suite de ce chapitre, l'observation très intéressante qui servit de base à ses arguments et nous nous excusons de ce qu'elle soit un peu en dehors du sujet.

### Mécanisme de cette transformation

Si au lieu d'employer les procédés classiques de douceur pour réduire une luxation simple complète constituée comme nous l'avons exposé au début de ce chapitre, on imprime à la phalange *un brusque mouvement de flexion* autour de son nouveau centre de rotation, voici ce qui se produit :

L'extrémité flottante du ligament glénoïdien, la partie libre déjà amorcée sur la tête du métacarpien, suivra la phalange dans son mouvement de flexion et, complètement retournée sur elle-même, s'interposera entre les os. On aura alors, de haut en bas, les plans successifs suivants :

La face postérieure de la phalange ;

Sa face antérieure ;

La face dorsale du ligament glénoïdien ;

Sa face palmaire ;

Le dos du métacarpien.

Dans le cas de Riche, les choses se passèrent un peu différemment :

Au lieu de rester sur le dos du métacarpien, le ligament glénoïdien était descendu dans l'interligne articulaire. On conçoit qu'ici l'interposition fibreuse était plus complète encore, puisque le ligament écartait considérablement les surfaces articulaires et comblait le fossé qui les séparait.

*Autre variété du mécanisme de l'irréductibilité* — Le ligament glénoïdien, au lieu de se désinsérer complètement, se déchire près du col du métacarpien (obs. n° IV) ; la tête du métacarpien passée à travers la déchirure y est enserrée et maintenue solidement.

Quoi qu'il en soit, la cause principale, la cause nécessaire et suffisante pour l'irréductibilité, est toujours le ligament glénoïdien.

**Comment expliquer maintenant que cette mince lame cartilagineuse s'oppose à toute tentative de réduction ?**

Les sésamoïdes qu'on peut rencontrer libres ou incorporés à la texture du ligament glénoïdien ne peuvent être comparés, au point de vue de l'irréductibilité, à ceux du pouce en raison de leurs faibles dimensions habituelles. Mais le ligament sésamoïdien (glénoïdien) lui-même est « une lame rigide, articulée en charnière avec la phalange, pouvant se fléchir sur la face palmaire de la phalange, mais non sur sa glêne ; c'est une tablette jouant comme le battant d'une table par rapport à la face antérieure de la phalange. Si donc on tire sur la phalange, cette valve s'interpose entre les deux surfaces, sous la forme d'un prolongement rigide de 5 à 6 millimètres du côté de la face palmaire de la phalange (1) ».

Cette explication, qui s'applique aux luxations complexes du pouce, nous sommes autorisés à la donner pour les luxations correspondantes des quatre derniers doigts, l'assimilation ayant été démontrée par M. Jalaguier en 1886 (2).

## OBSERVATION DE M. MOUTET

Luxation complète en arrière de l'articulation métacarpo-phalangienne du doigt indicateur gauche ; issue de la tête du second métacarpien à travers la peau de la paume de la main. — Réduction très facile, sous l'influence du sommeil chloroformique par l'extension directe.

Le 14 août 1860, se présente à l'Hôtel-Dieu Saint-Eloi, à la visite du matin, Pierre Grès, ouvrier serrurier, né à Montpellier. Il raconte qu'il vient de faire peu d'instants auparavant une chute d'une hau-

(1) FORGUE. Précis de pathologie externe, t. I, p. 791.
(2) JALAGUIER. Archives générales de médecine, 1886.

teur de quatre à cinq mètres environ. Il transportait les volets d'une
fenêtre, en marchant à reculons sur un plancher étroit encore ina-
chevé, quand il a rencontré un vide entre deux soliveaux et, passant
au travers, il a été précipité sur le parquet de l'étage inférieur. Il est
tombé sur les mains étendues, mais principalement sur la gauche qui
a heurté, par le côté externe, contre l'angle d'une poutre, d'où elle a
glissé sur le sol. Il s'est relevé lui-même sur-le-champ et, remarquant
dans la paume de la main une tumeur osseuse, il s'est aussitôt rendu à
l'hôpital. Immédiatement soumis à mon examen, il me présente sa
main gauche et je reconnais sans peine la tête du deuxième métacarpien qui fait saillie tout entière à deux centimètres du second espace
interdigital, à un centimètre et demi du bord externe du creux palmaire, au niveau du pli inférieur de cette région. La peau a été déchirée
en travers et les lèvres de la plaie sont exactement appliquées contre
le col de ce renflement osseux qui en est comme étranglé, surtout en
haut et en avant.

En arrière de l'extrémité articulaire ainsi dénudée, existe une dépression profonde; la lèvre postérieure de la plaie est comme enfoncée, et à
quelques millimètres au-dessous se trouve un sillon prononcé qui
gagne en montant le bord externe de la paume de la main.

L'indicateur gauche est évidemment plus court de deux centimètres
que celui du côté droit et il présente des inflexions et une direction
anormales. Ainsi, la première phalange se porte de haut en bas et
d'avant en arrière, de manière à former un angle assez ouvert en avant
avec le métacarpien correspondant, tandis que la deuxième et la troisième sont à demi fléchies; la face palmaire du doigt est tournée vers le
côté externe du médius, et l'on suit à travers la peau la corde formée
par les tendons fléchisseurs qui sont portés en dedans.

En parcourant la face dorsale de l'indicateur, on sent sur le métacarpien, en dessus du point où se trouve à la face palmaire l'extrémité
osseuse déjà décrite, une saillie très marquée, surmontée à son tour
par une dépression. L'espace qui sépare le premier du second doigt est
agrandi, et le repli cutané interdigital fortement tendu.

Les mouvements spontanés sont impossibles, mais on peut imprimer
au doigt quelques mouvements limités de flexion et des mouvements
plus étendus d'extension et de latéralité, pendant lesquels la saillie
dorsale indiquée se porte dans une direction opposée. La plaie cutanée
ne laisse pas couler beaucoup de sang, et c'est à peine si le sujet en a

perdu quelques gouttes au moment de l'accident. Il éprouve une sensation d'engourdissement dans le voisinage du deuxième métacarpien, et sur la région palmaire de la première phalange du doigt annulaire existe une écorchure qui s'est produite lorsque la main a frappé sur le sol en glissant de la poutre contre laquelle a porté d'abord l'indicateur.

La luxation métacarpo-phalangienne du doigt indicateur est évidente; je procède immédiatement à la réduction. Je plonge le malade dans le sommeil anesthésique, et je me mets en mesure de ramener le doigt dans sa position normale : un instant j'avais cru nécessaire de débrider les lèvres de la plaie, étroitement appliquées autour de la tête du métacarpien; mais, avant d'en venir là, je veux d'abord apprécier l'énergie de la résistance que je peux avoir à redouter de ce côté : pendant qu'un aide fixe le poignet gauche, je saisis l'extrémité du doigt luxé et je pratique une traction modérée dans sa direction actuelle; immédiatement la tête du métacarpien rentre sous la peau. Je continue la même manœuvre, en exerçant l'extension avec un peu plus de force : la phalange se dégage, et quand son extrémité supérieure est arrivée au niveau de l'articulation, j'imprime brusquement un mouvement de flexion au doigt. Le bruit caractéristique, le rétablissement de la direction et de la forme des parties et la facilité des mouvements, même spontanés, indiquent que la réduction est obtenue.

Le sujet se réveille sans avoir eu conscience d'une opération dont il appréhendait les douleurs, et il en reconnaît l'heureux résultat avec la plus vive satisfaction. Des bandelettes de diachylon et une bande roulée autour du poignet, de la main et du doigt, sont appliquées pour immobiliser les parties.

Le malade, malgré mes instances, refuse de séjourner à l'hôpital. Je lui fais pratiquer une saignée chez lui le soir même. Mais, sans tenir aucun compte de mes recommandations, il se livre dès le lendemain à des exercices fatigants et ne met aucun ménagement même dans l'usage de la main blessée.

Le 16, il vient à la visite du matin, et je trouve un peu de gonflement sur le trajet du second métacarpien gauche et les autres signes d'une inflammation imminente ; par la plaie s'écoule un peu de sérosité sanguinolente; fièvre modérée. Sangsues; cataplasme émollient sur la partie; repos.

Les jours suivants, les mêmes symptômes persistent, sans augmenter pourtant beaucoup d'intensité; la fièvre tombe même complète-

ment. La suppuration s'établit, malgré l'emploi des frictions mer-
curielles et des émollients; seulement elle est exactement circonscrite
au premier espace interosseux. Le pus se fait jour avec assez de
facilité par la plaie primitive; cependant, pour empêcher le séjour
de ce liquide dans la partie la plus écartée du foyer et sa progression
vers le dos de la main, où un peu de gonflement indique, au
bout de quelques jours, une tendance à la propagation de l'inflammation, je pratique, le 3 septembre, une contre-ouverture au côté externe
et postérieur de l'intervalle qui sépare le pouce et l'indicateur. A
dater de cette époque, la suppuration diminue considérablement,
puis finit par tarir. Le doigt luxé, qui avait perdu, à la suite de cette
complication, un peu de la souplesse qu'il avait récupérée immédiatement après la réduction, devient graduellement plus flexible, et le
malade ne tarde pas à reprendre ses occupations. Je dois noter que,
pendant toute la durée du traitement, il n'a jamais voulu consentir à
rester dans la salle de la clinique au delà du temps nécessaire au pansement, et que, se dérobant ainsi à toute surveillance, il s'écartait assez
volontiers des précautions dont je m'efforçais vainement de lui faire
comprendre la nécessité.

# CHAPITRE IV

---

### Etude clinique

Commémoratifs. — Les renseignements fournis par le blessé sont ici d'une très grande utilité pour le chirurgien, qui pourra ainsi se rendre compte des diverses phases par lesquelles a passé la lésion qu'il a sous les yeux.

Il résulte, en effet, des *commémoratifs* placés en tête des observations que nous avons recueillies, que toujours la luxation complexe est précédée de la luxation simple complète, et que c'est toujours une fausse manœuvre qui a opéré la transformation.

Le blessé raconte qu'au moment de l'accident il a ressenti une vive douleur dans une ou plusieurs articulations ; ensuite il a constaté l'impotence absolue du doigt lésé et son premier soin a été de le rabattre vivement pour faire cesser la déformation et rétablir les mouvements. Souvent, c'est un empirique qui s'est chargé de la besogne.

Quelquefois le déplacement antéro-postérieur est très peu marqué (obs. n° VII); le blessé n'en fait aucune mention, d'où source d'erreur pour le praticien qui devra rechercher systématiquement l'aspect primitif de la lésion.

Inspection.— On constate, à l'inspection, que la première phalange est sensiblement dans le prolongement de l'axe du métacarpien; les autres phalanges elles-mêmes sont rectilignes ; des circonstances particulières dans la chute peuvent faire qu'elles soient déviées latéralement vers l'un ou l'autre bord de la main (obs. I).

*Dans la luxation complexe*, *la phalange semble avoir gardé ses connexions normales.* — Le doigt paraît raccourci : *ce raccourcissement,* signalé dans la plupart des observations et considéré jusqu'ici comme un signe caractéristique des luxations complexes, tient à ce que la tête phalangienne monte ordinairement sur le dos du métacarpien.

Dans l'observation n° I (Riche), nous constatons, au contraire, *un allongement.* L'explication, confirmée par la radiographie et l'intervention, en est que le ligament glénoïdien, au lieu de rester sur la partie dorsale du métacarpien, était descendu dans l'espace interarticulaire, le comblait, empêchant le chevauchement des deux os et déterminant un écart entre eux.

« Cet allongement du doigt, que je n'ai pas vu signalé par les auteurs, apprécié par la radiographie ou l'examen clinique, me paraît constituer un très bon signe d'interposition fibreuse. Il donnera des indications utiles au point de vue thérapeutique (1). »

— On note encore à l'inspection un *œdème* assez marqué au niveau de l'articulation (obs. I). Parfois, dans les cas récents, une *légère ecchymose* se dessine sous les téguments. (Obs. n° VII.)

Palpation. — La palpation donne des renseignements plus précis.

En même temps que *la douleur,* qui est très fréquente, le symptôme le plus marqué est *la saillie que forme à la paume de la main la tête du métacarpien.*

(1) Riche. Montpellier Médical, n° 51, 1908.

Au niveau de l'articulation, on constate une *augmentation des dimensions antéro-postérieures, un épaississement*, dans le cas où la phalange chevauche le métacarpien, dans le cas où il y a raccourcissement du doigt. Dans un autre cas, celui qui correspond à l'allongement du doigt, pas d'augmentation des dimensions antéro-postérieures, on peut *nettement sentir l'interligne métacarpo-phalangien*; mais le tubercule phalangien est plus difficilement perceptible que du côté sain. (Obs. I.)

**Mouvements.** — Les *mouvements spontanés* sont à peu près nuls dans l'articulation lésée; si le doigt parvient à exécuter des mouvements de flexion ou d'extension, ces mouvements se passent dans les articulations interphalangiennes.

Les *mouvements provoqués* sont eux-mêmes assez limités; les mouvements de latéralité sont encore possibles au prix de quelque douleur. L'extension est empêchée par une résistance élastique mais forte. Quant aux mouvements de flexion, ils sont complètement abolis.

L'ensemble de ces symptômes est suffisant pour donner aux luxations complexes des quatre derniers doigts une physionomie clinique bien déterminée et permettre un diagnostic relativement facile.

**Diagnostic.** — En présence d'une lésion siégeant au voisinage de l'articulation ou à l'articulation elle-même, le problème qui se pose d'abord est le suivant :

**Y a-t-il luxation ? Entorse ? Fracture du col du métacarpien ? Fracture du col de la phalange ?**

La douleur intolérable au niveau de l'articulation, le gonflement, la conservation de tous les mouvements passifs, l'étude minutieuse des commémoratifs permettant de constater qu'il n'y a pas eu un grand déplacement des surfaces articulaires, aideront à distinguer une *entorse* d'une *luxation* pour les cas récents. Si la lésion date seulement d'une quinzaine de jours, la présence de craquements articulaires, le gonflement persistant dans l'une où l'autre épiphyse seront en faveur d'une entorse suivie d'arthrite.

La *fracture de la première phalange* siégeant près de son extrémité articulaire est d'un diagnostic plus délicat. En effet, la crépitation, la mobilité anormale, parfois une déformation consistant en une saillie angulaire qui répond à la face dorsale, palmaire ou latérale du doigt, sont des signes différentiels avec la luxation qui font souvent défaut. A ces signes inconstants, nous préférons le suivant qu'on recherchera avec soin : *la localisation précise de la douleur à une certaine distance de l'articulation.* Ajoutons que, dans la fracture du col de la phalange, on peut observer une flexion du fragment unguéal attiré en avant par les fléchisseurs. Souvent à cette flexion s'ajoute « une rotation du fragment inférieur autour de son grand axe, telle que la pulpe cesse de regarder en avant » (1).

*La fracture du col du métacarpien* ne pourra être confondue qu'avec une variété de luxation : la luxation en avant. « Il sera toujours facile de distinguer cette fracture d'une luxation du doigt en avant par la crépitation d'abord, puis par *la différence du niveau de la saillie dorsale.* Dans la luxation, c'est la tête de l'os qui fait saillie et elle est sur le même niveau que les têtes voisines ; dans la fracture, la saillie est à un niveau supérieur, ce qui laisse une dépression très marquée entre les têtes des deux os voisins (2). »

(1) Le Dentu et Delbet. T. II, p. 325.
(2) Malgaigne. Traité des fractures, n° 1, p. 628.

Les signes différentiels donnés entre la luxation, l'entorse et la fracture périarticulaire, peuvent faire défaut et certains n'avoir qu'une valeur relative. Mais il est un procédé d'investigation, une méthode qui ne peut tromper le praticien. *C'est la radiographie.*

On devra toujours recourir aux renseignements que donne la radiographie, non seulement pour établir un diagnostic manquant de bases sûres, mais encore pour confirmer un diagnostic même porté fermement. Des erreurs graves seront évitées comme, par exemple. celle rapportée par Pichon (obs. n° III).

La radiographie montrera la place exacte occupée par les surfaces articulaires et pourra ainsi déceler une interposition fibreuse. Dans les cas où il existera un os sésamoïde qui, malgré ses petites dimensions, contribuera à l'irréductibilité, la radiographie en montrera la position exacte, et le chirurgien, éclairé par elle, ira directement jusqu'à l'obstacle.

L'importance de la radiographie est évidente lorsqu'il s'agit de fractures ou de luxations. Nous n'y insistons pas.

### Le diagnostic de luxation étant établi, quelle est la variété de luxation ?

Nous laisserons d'abord de côté *les luxations latérales*, absolument exceptionnelles pour les phalanges métacarpiennes et dont on ne connaît qu'un cas. (Thèse de Wintrebert, Paris 1899, n° 216.)

On ne confondra pas *une luxation en arrière* avec une *luxation en avant.*

Cette dernière est d'abord deux fois plus rare d'après Duplay et Reclus. Dans la luxation en avant, la saillie métacarpienne est sur le dos de la main, celle de l'extrémité supérieure de la phalange à la paume. De plus, la réduction s'obtient facilement par traction et coaptation.

**Parmi les luxations en arrière, à quelle variété avons-nous affaire ?**

Nous arrivons ainsi au dernier échelon du diagnostic.

Dans *la luxation simple complète*, le doigt est toujours dans l'hyperextension; il peut être même perpendiculaire sur le métacarpien. La déformation par comparaison avec le côté sain est toujours apparente, tandis que, ainsi que nous l'avons dit, le doigt semble avoir gardé ses connexions normales dans la luxation complexe. Dans cette dernière, abolition à peu près complète tant des mouvements spontanés que des mouvements provoqués. Dans la luxation simple complète, si les mouvements spontanés sont impossibles, les mouvements provoqués soit de flexion, soit d'extension, peuvent être obtenus.

Quand les commémoratifs sont nets, on arrive facilement au diagnostic; mais celui-ci peut-être flottant du fait même de leur manque de clarté.

« L'examen clinique et la radiographie nous montraient un déplacement latéral de la phalange sur le métacarpien sans aucun déplacement antéro-postérieur. On était donc tenté de conclure à une *luxation latérale interne incomplète de la phalange*, et ce fut mon premier diagnostic, autorisé d'ailleurs par les commémoratifs de chute sur le bord radial de la main. Mais les luxations métacarpo-phalangiennes franchement latérales sont absolument exceptionnelles et les classiques n'en font aucune mention. Les difficultés de réduction par les moyens usuels et surtout l'obstacle insurmontable aux mouvements de flexion me firent songer à *la luxation complexe*, analogue à celle du pouce, à laquelle se serait joint un déplacement latéral. Ce diagnostic aurait pu être porté d'emblée par l'examen plus attentif d'une des deux épreuves radiographiques, qui montre l'exagération de l'interligne articulaire, difficile à expliquer autrement que par une interposition fibreuse entre les extrémités phalangienne et métacarpienne. Il avait contre lui l'affirmation du malade qu'à aucun moment son index ne s'est trouvé en hyperextension sur le métacarpien. Et cependant l'intervention m'a montré qu'il s'agissait bien d'une véritable luxation complexe de l'index avec déplacement latéral (1). »

Ainsi donc, on arrivera toujours à faire le diagnostic de luxation complexe par une étude minutieuse de la lésion et des commémoratifs, et grâce aussi à la radiographie. Dans l'étude clinique de la lésion, on devra toujours avoir présents à l'esprit les deux symptômes suivants qui ont une importance capitale :

Phalange dans le prolongement du métacarpien;

Impossibilité des mouvements provoqués de flexion et d'extension.

(1) Riche. Montpellier Médical, n° 51, 1908.

# CHAPITRE V

## Pronostic et Traitement

Les luxations complexes des quatre derniers doigts sont des lésions sérieuses qui méritent de retenir toute l'attention du praticien.

Un doigt atteint de luxation complexe est, en effet, si on n'intervient pas convenablement, un doigt qui non seulement n'est plus bon à rien, mais qui encore peut être une cause de gêne. Aussi Farabeuf a-t-il pu dire : « Qu'importe un doigt de plus ou de moins, surtout un mauvais doigt ».

### Que devient la luxation complexe abandonnée à elle-même ?

Ainsi que le montrent les observations de luxations anciennes, des brides fibreuses s'organisent autour des extrémités osseuses, *l'ankylose* s'établit, le doigt est immobilisé en mauvaise position.

« Le résultat d'une semblable erreur, dit Pichon, à propos de son cas (Obs. n° III), a été l'*impotence fonctionnelle* du petit doigt, l'atrophie des muscles hypothénariens, infirmités qui pourraient diminuer d'une façon sensible, la faculté de travail d'un ouvrier. »

D'autres fois on observe simplement de *la gêne fonctionnelle douloureuse* : « Le déplacement datait de plusieurs années et les téguments soulevés par le bout du métacarpien étaient le siège d'un durillon très douloureux gênant considérablement le sujet astreint à un travail manuel (1) ».

En résumé, presque toujours la non-intervention a pour conséquence l'ankylose du doigt en extension.

*Au point de vue des accidents du travail*, l'évaluation de l'incapacité permanente résultant de cette lésion (ankylose de la phalange métacarpienne) est importante à bien apprécier.

Prenant comme exemple l'*index*, nous voyons, dans le *tableau des Ankyloses de la main du docteur Rémy* (2), que les fonctions ouvrières de la main sont ainsi modifiées :

*L'anneau pollici digital* est impossible,

*La pince* est également impossible,

*Le fourreau* est très diminué,

*Le roulement des doigts*, très gêné,

*La direction*, diminuée,

*L'effort*, diminué.

La diminution de valeur, toujours pour l'ankylose de l'index, pour la main considérée en elle-même et isolément, est de 1/8.

Pour le blessé considéré au point de vue de son aptitude au travail: si la main est active, de 7,5; si la main est passive, de 6.

Pour l'*auriculaire*, les chiffres précédents se réduisent respectivement à 1/15, 4 et 3,2.

Pour le *médius et l'annulaire* l'évaluation est la moitié de celle de l'auriculaire.

Mais nous lisons dans les *Observations* qui suivent ce

(1) Morestin. Annales de la Société belge de chirurgie, p. 317.
(2) Publié dans Forgue et Jeanbrau. Guide du médecin dans les accidents du travail, p. 416-417. 2e édition.

tableau : «La position en extension forcée est déplorable; elle doit être évaluée plus chèrement que la perte résultant d'une amputation; le doigt mutilé est, en effet, non seulement inutile parce qu'il s'accroche à tout dans chaque tentative de travail, mais même nuisible...... L'ankylose d'un doigt est souvent plus gênante que l'amputation, et il n'est pas rare que les blessés nous demandent de les en délivrer par le bistouri. »

Dans l'ankylose succédant aux luxations complexes des doigts, ceux-ci sont simplement en extension. Néanmoins cette position est excessivement gênante, si elle l'est peut-être moins que l'extension forcée. Il résulte donc des considérations précédentes que, dans cette position d'extension. l'évaluation de l'incapacité due à l'ankylose des quatre derniers doigts pourra être augmentée, et portée pour l'index par exemple de 1/8 à 1/4, de 7,5 à 15, de 6 à 12, chiffres qui correspondent à la perte des trois articulations ou à l'amputation totale du doigt.

La nécessité d'une intervention s'impose donc au praticien en présence d'une luxation complexe des quatre derniers doigts.

**Quelle est la conduite à tenir ? Quel est le traitement à appliquer ?**

Traitement prophylactique.— Nous ne saurions passer sous silence, avant d'en arriver au traitement curatif, ce que nous appellerons le traitement prophylactique.

Nous avons dit et répété le long de notre travail que les luxations complexes sont le résultat déplorable de manœuvres inconsidérées s'exerçant sur des luxations primitivement simples complètes. Le traitement prophylactique consistera à savoir éviter ces fausses manœuvres qui, à elles seules, sont la cause du mal. Pour cela, il suffira de connaître le mécanisme de l'irréductibilité et de ne pratiquer, en fait de manœuvres, que celles que Farabeuf a préconisées pour le pouce.

**Traitement curatif.** — Il comprend deux sortes de procédés : les *procédés dits de douceur* et les *procédés sanglants*.

Les considérations de mécanisme étant les mêmes pour tous les doigts, les procédés que nous allons exposer s'appliquent également à tous.

Les *procédés de douceur*, réglés par Farabeuf pour les luxations du pouce, consistent dans les manœuvres suivantes : « d'abord tractions sur la phalange dans l'axe du métacarpien, puis redressement de la phalange à angle droit et refoulement sur le dos du métacarpien, de façon à obtenir si possible le redressement du ligament glénoïdien, c'est-à-dire la transformation en luxation simple complète (1).

Malheureusement ces manœuvres sont inefficaces dans les luxations anciennes et elles réussissent rarement dans les luxations récentes. Néanmoins on y aura recours avant de proposer l'intervention sanglante.

*En ce qui concerne l'intervention sanglante*, trois méthodes sont en présence : *l'arthrotomie sous-cutanée, l'arthrotomie à ciel ouvert*, et la *résection*.

*L'arthrotomie sous-cutanée* ou section sous-cutanée du ligament glénoïdien consiste, comme son nom l'indique, dans la section du ligament glénoïdien à travers une simple incision pratiquée dans les parties molles.

Cette opération, préconisée il y a déjà quelques années

(1) Riche. Montpellier Médical, n° 51, 1908.

par Jalaguier à qui elle donna un résultat remarquable dans une luxation complexe de l'index (Obs. n° VIII), a été depuis l'objet de vives critiques. Nous nous contenterons de les résumer.

On a dit que l'opération était aveugle et que l'on pouvait, en l'employant, ne pas sectionner seulement l'obstacle à la réduction. Des accidents étaient possibles tels que : des hémorragies et des sections nerveuses. En outre, elle nécessite la connaissance de la position du sésamoïde lorsque par hasard il contribue à empêcher la réduction. Nous nous empressons de dire que ce dernier reproche n'a aucune valeur depuis que la radiographie a résolu la difficulté.

Une critique plus sérieuse est la suivante : c'est *que la section sous-cutanée ne peut être efficace que dans les luxations récentes.*

« L'observation de deux faits de luxations que l'on peut appeler anciennes, puisque l'une datait de trente-cinq et l'autre de quarante-trois jours, permet de déclarer que ce procédé (arthrotomie sous-cutanée) doit forcément échouer dans la majorité des cas quand la luxation n'est pas récente. Dans les deux cas où j'opérai à ciel ouvert, je pus constater que la section du ligament glénoïdien fut insuffisante à obtenir la réduction et je dus exciser ce ligament. La section sous-cutanée de la sangle glénoïdienne aurait été évidemment insuffisante à opérer la réduction (1). »

Malgré certains avantages de l'arthrotomie sous-cutanée, tels que la non-exposition de l'articulation au contact de l'air, la légère entaille faite aux tissus, cette opération doit céder le pas à l'arthrotomie à ciel ouvert.

*L'arthrotomie à ciel ouvert* consiste dans l'ouverture

(1) VANVERTS. Journal de chirurgie belge, 1906.

large de l'articulation afin d'arriver sur l'obstacle et le
détruire sûrement. On lui a reproché et tout récemment
encore « des délabrements tendineux, musculaires et osseux (1) » et les dangers dus à l'ouverture des articulations.

Mais ces dangers n'existent plus depuis les progrès de
l'antisepsie. L'arthrotomie à ciel ouvert est plus facile et
moins dangereuse que la section sous-cutanée. Elle permet
de se rendre compte des obstacles à vaincre, car il peut y
en avoir plusieurs. C'est aujourd'hui l'opération de choix.

« Une simple incision dorsale, interne ou externe, fait
découvrir la région de la luxation. Elle permet, sans lésions
de tendons ou de muscles, de procéder à la section du
ligament glénoïdien, même si besoin est de l'exciser. La
réduction terminée, une suture reconstitue les parties
fibreuses sectionnées.

» Je crois qu'on peut conclure à la supériorité incontes-
table de l'opération à ciel ouvert sur l'opération sous-
cutanée pour les cas anciens, et à la supériorité probable de
la première ou au moins à l'égalité de valeur des deux opérations pour les cas récents ayant résisté aux tentatives
non sanglantes de réduction (2). »

Il nous reste, pour terminer, à dire un mot de *la résection*.
Cette opération consiste à enlever une partie des extrémités
osseuses et à rapprocher ensuite les surfaces articulaires.

« Quand les deux opérations précédentes ont échoué, si
leurs résultats fonctionnels étaient mauvais, la résection de
la tête métacarpienne pourrait s'imposer au chirurgien (3). »
La technique de l'opération est la suivante : « L'extir-

---

(1) GYSELYNK, cité par Vanverts, ouvrage cité.
(2) VANVERTS. Journal de chirurgie belge, 1906.
(3) RICHE. Montpellier Médical, n° 51.

pation de la tête d'un des quatre derniers métacarpiens se
fera au moyen d'une incision palmaire verticale pour le
médius et l'annulaire, la tête du métacarpien de ces doigts
se présentant sous la peau amincie et tendue au point que
le sphacèle est imminent, dorsale interne pour l'auriculaire et dorsale externe pour l'index. Les bases de la plaie
étant maintenues bien écartées par des crochets mousses,
on enlève une rondelle osseuse de 5 à 6 mm. d'épaisseur,
après décortication périostique par un coup de cisaille
donné avec précaution (1). »

**En résumé, quelle est la marche à suivre dans le traitement d'une
luxation complexe des quatre derniers doigts ?**

A-t-on affaire à une *luxation complexe récente?* On essayera
d'abord les manœuvres de Farabeuf; en cas d'échec, on
aura recours à l'arthrotomie à ciel ouvert.

La luxation est-elle *déjà ancienne?* On pourra encore à la
rigueur essayer les manœuvres précitées, mais sans grand
espoir de succès. L'arthrotomie à ciel ouvert s'impose
encore ici.

La distinction est nécessaire entre les deux sortes de
luxations, ancienne ou récente, car les *résultats opératoires*
sont bien différents.

Si la luxation est récente, les résultats peuvent être satis-
faisants, sans être jamais excellents; cependant l'articulation pourra recouvrer l'intégrité de ses mouvements à la
condition d'instituer de bonne heure des soins post-opératoires bien réglés : massage et mobilisation progressive
précoces.

Si la luxation est ancienne, les résultats seront habituel-

(1) Le Dentu et Delbet. Nouveau traité de chirurgie.

lement médiocres. Alors même que l'obstacle a été supprimé, l'articulation demeure enraidie du fait de la rétraction des tissus périarticulaires. Néanmoins, les soins post-opératoires pourront encore lui rendre une partie de sa souplesse. Quand il y a une gêne fonctionnelle trop grande, on est amené à pratiquer la résection de la tête métacarpienne.

**Indications de la résection.** — Dans une luxation récente, à moins de complications dont nous n'avons pas à parler ici, on ne pratiquera jamais la résection.

Cette opération trouve ses indications dans deux cas :

1°Au cours d'une intervention pour une *luxation ancienne*, le chirurgien, pratiquant l'arthrotomie à ciel ouvert, s'aperçoit que la suppression de l'obstacle sera insuffisante à rétablir les fonctions de l'articulation; il est autorisé alors à faire immédiatement la résection de la tête métacarpienne.

« On se trouve forcé de réséquer l'une des extrémités articulaires par l'impossibilité où l'on est de réduire, malgré les sections, excisions ou désinsertions des parties molles » (Vanverts).

2° Une luxation ancienne a été réduite au moyen de l'arthrotomie à ciel ouvert; mais les résultats de l'opération sont mauvais : on essayera de les améliorer par la résection.

Mais, même après la résection, le résultat fonctionnel n'est pas toujours satisfaisant, soit qu'il persiste une certaine limitation des mouvements, soit, ce qui est plus rare, qu'une intervention trop peu économique ait donné une néarthrose trop lâche.

# OBSERVATIONS

## OBSERVATION II

### Un cas de luxation complexe métacarpo-phalangienne de l'index

(Joüon, professeur suppléant à l'Ecole de médecine de Nantes
Gazette Médicale de Nantes, 1906, 714-715)

Il s'agit d'un garçon de 8 ans qui tomba, le 20 mai, de sa hauteur sur l'index en extension forcée, les autres doigts étant fléchis. L'enfant ressentit de la douleur et se trouva dans l'impossibilité de mouvoir l'index.

La mère de l'enfant n'eut rien de plus pressé que de le conduire à une rebouteuse de la rue de Coulmiers qui, tirant en rabattant le doigt, transforma immédiatement la luxation complète en luxation complexe.

En effet, après l'accident, le doigt était directement en l'air, la luxation était complète; après que la rebouteuse eut tiré sur le doigt, ce doigt était rabattu presque parallèlement au métacarpien, mais l'enfant ne pouvait pas le bouger davantage, la luxation était aggravée; il s'agissait maintenant d'une luxation complexe. Notre collègue, le docteur Gourdet, chez lequel on conduisit l'enfant plusieurs jours après, reconnut parfaitement cette luxation et essaya de la réduire chez lui avec la pince de Farabeuf; mais, ne pouvant y réussir sans anesthésie, il conseilla avec juste raison à la mère de faire entrer l'enfant dans le service de chirurgie infantile.

J'examine alors l'enfant, le 5 juin; il est facile de faire le diagnostic de luxation dorsale complexe métacarpo-phalangienne de l'index gauche. En effet, on sent dans la paume de la main la saillie arrondie de la tête métacarpienne, le doigt est immobile, mais parallèle et sus-jacent au métacarpien.

La radiographie, pratiquée les jours suivants, confirme le diagnostic clinique.

Le 14 juin, l'enfant est endormi au chloroforme. M. Joüon essaie la réduction avec la pince de Farabeuf, mais sans pouvoir y parvenir; il pratique alors l'arthrotomie. On se rend compte très nettement que la réduction est empêchée par le retournement et l'interposition, entre l'extrémité postérieure de la première phalange et la tête méta-carpienne, de la sangle sésamoïdienne.

Cette sangle est débridée sur les côtés et reintégrée à la face palmaire. La réduction est alors très facile. On reconstitue la partie dorsale de la capsule au catgut, on suture la peau au crin de Florence et on immobilise le doigt en flexion au moyen d'une attelle en gutta-percha.

Les fils sont enlevés le dixième jour, la réunion est parfaite; on commence alors la mobilisation. Vous voyez que le doigt a déjà pas mal de mouvements: sa forme est normale, l'enfant ne souffre plus.

## OBSERVATION III

*Luxation complexe du cinquième doigt*, René PICHON, médecin aide-major. Archives générales de Médecine, 1906, t. I, p. 24-26

Un brigadier était occupé, le 16 mars, à des exercices d'équitation au manège, lorsque sa monture, faisant de brusques écarts, il fut projeté sur le sol les bras étendus en avant, les mains allongées pour amortir le choc. Celui-ci porta sur le cinquième doigt de la main droite et eut pour effet de le renverser en arrière en provoquant une douleur excessivement vive. Relevé, le blessé constata que la première phalange avait pris une position perpendiculaire au métacarpien, tandis que les deux dernières étaient en flexion. Instinctivement son premier soin fut de rabattre le doigt croyant le remettre en place.

Je vois le blessé un quart d'heure après l'accident. Il y a déjà un peu d'œdème autour de la cinquième articulation métacarpo-phalangienne. La palpation permet néanmoins de sentir assez nettement la base de la phalange luxée sur la face dorsale du métacarpien, dont on perçoit la tête arrondie saillante à la face palmaire.

Je pose immédiatement le diagnostic de luxation métacarpo-phalangienne de l'oriculaire droit et en tente immédiatement la réduction par les procédés préconisés par Farabeuf pour le pouce. Les deux premières tentatives sont infructueuses; la troisième, plus heureuse, amène les surfaces articulaires en place; mais en faisant exécuter des mouvements au doigt la luxation se reproduit; j'immobilise la région à l'aide de deux attelles.

Ce brigadier partant en permission le soir même est vu par le chirurgien de la famille, qui, après examen, conclut à une fracture du cinquième métacarpien et place un appareil plâtré. Quinze jours après l'appareil est enlevé et l'on constate alors qu'il n'y a pas trace de fracture, ni de cal, mais qu'il existe de la subluxation de la phalange en arrière; ce que confirme la radiographie.

Un second chirurgien consulté propose et pratique une intervention destinée à enlever le sésamoïde que la radiographie montre placé en coin entre les deux os et paraît empêcher la réduction de la luxation.

Le malade rentre au régiment après un mois et demi d'absence et se présente à moi. Je constate que la première phalange est en extension forcée sur le métacarpien, les deux autres légèrement fléchies. — Atrophie très marquée des muscles de l'éminence hypothénar.

La palpation permet de se rendre compte que la phalange est en subluxation sur le métacarpien et que ces deux os sont exactement dans la même situation qu'avant l'opération.

Au point de vue fonctionnel, il existe de l'impotence. Lorsqu'on commande au malade de fermer la main, on constate que seules les deux dernières phalanges se fléchissent. Le patient éprouve de la gène et de la fatigue dès qu'il tient sa lance pendant quelques instants.

Actuellement (novembre), le même état persiste sans amélioration.

## OBSERVATION IV

Opération pour une luxation de la première phalange de l'index en arrière (Lewis, A. Stimson), New-York médical journal, Société chirurgicale, 13 février 1889, publiée in thèse Fruchaud.

Lewis a Stimson présente un enfant âgé de 11 ans, qui s'était luxé l'index dans une chute sur la main qu'il tenait étendue.

Toutes les tentatives de réduction par traction et rotation ayant échoué, Stimson avait ouvert l'articulation par une incision longitudinale sur la face palmaire. Comme il s'y attendait bien, il se trouva que l'obstacle à la réduction était créé par l'interposition du ligament antérieur ou glénoïdien. Celui-ci avait été *déchiré près de son insertion au métacarpien. La tête de cet os avait passé à travers cette déchirure.* Le bord libre du ligament se trouvait serré fortement sur la face dorsale du métacarpien tout près de la tête de cet os. Il y était si bien maintenu que l'on ne pût l'en retirer avec un tenaculum, et ce ne fut qu'après l'avoir sectionné longitudinalement à son centre qu'il en sortit.

La plaie se cicatrisa sous le premier pansement et maintenant, seize jours après l'accident, les mouvements de la jointure sont presque complètement rétablis.

## OBSERVATION V

Vanverts. — Annales de la Société belge de chirurgie et Journal de Chirurgie, 1906.

C..., 9 ans, chute sur la main le 1er août 1905. Le médecin, qui n'est appelé que quelques jours après, pose le diagnostic de luxation métacarpo-phalangienne de l'index gauche, exerce des tractions et croit réduire. Il existait, à ce moment, un notable gonflement de la région.

La luxation se reproduit ou — ce qui est plus probable — le médecin s'aperçoit, après la disparition du gonflement, que la luxation existe, ce qui tend à prouver qu'elle n'a pas été réduite.

L'examen radioscopique montre l'existence d'une luxation sans fracture. Tractions violentes exercées en vain sur la phalange.

Je vois le blessé le 13 septembre. La première phalange de l'index gauche est en extension exagérée, la seconde est fléchie. La tête métacarpienne fait saillie en avant. Le bord postérieur de la glène phalangienne est sur un plan postérieur à la face postérieure du métacarpien; cette disposition s'accentue quand on met la phalange en hyperextension. Cette hyperextension atteint une étendue anormale; la flexion est impossible et la phalange ne peut dépasser la situation verticale, c'est-à-dire perpendiculaire au métacarpien. On se rend très bien compte que la glène phalangienne est retenue au bout de la tête du métacarpien par un lien qui empêche de l'amener en avant à sa place normale.

15 septembre. — Essai vain de réduction sous chloroforme par la méthode de Farabeuf.

18 septembre. — Chloroformisation. Incision longitudinale externe, longue dont le milieu correspond à l'interligne articulaire. Je trouve entre les deux surfaces osseuses une bande de tissu fibreux qui me semble n'avoir que des attaches latérales. Je l'excise et aussitôt j'obtiens facilement la réduction. Drainage articulaire avec trois crins. Reconstitution des parties fibreuses au catgut. Crins cutanés.

La phalange n'a aucune tendance à se reluxer. Cependant, appareil plâtré, la phalange étant mise en demi-flexion.

Suites simples. Réunion *per primam*.

10 novembre. — Malgré mes recommandations, on n'a fait jusqu'ici que du massage et pas de mobilisation. La phalange s'est maintenant réduite. On peut la fléchir à 30° environ.

Dès ce moment, je commence des séances quotidennes de mobilisation douce.

17 novembre. — Le gain est réel, mais insuffisant. Sous chloroforme, flexion de la phalange sans trop de difficultés; je perçois des craquements dus à la rupture d'adhérences. Immobilisation en flexion à l'aide d'une simple bande pendant quarante-huit heures.

Le doigt se remet ensuite dans la rectitude. Le médecin ne le mobilise pas.

Je revois l'opéré le 27 novembre et à partir de ce moment je lui fais pendant deux mois des séances quotidiennes de mobilisation.

Le résultat auquel je suis arrivé est le suivant : La flexion spontanée des trois phalanges est incomplète quand elle se fait simultanément dans les trois articulations; elle est à peu près complète pour chacune quand les deux autres sont en extension. Il en est de même de la flexion provoquée qui est naturellement plus accusée et peut être obtenue complète dans les mêmes conditions. Il semble que le grand obstacle à la perfection de la flexion provienne d'un raccourcissement du tendon extenseur.

## OBSERVATION VI

Publiée dans le Journal des Sciences Médicales de Lille, 23 janvier 1909 par M. A. Moisan, externe des hôpitaux et due à l'obligeance de M. le docteur Vauverts, chirurgien des hôpitaux de Lille.

Un cas de luxation complexe de l'articulation phalango-métacarpienne de l'index, par M. A. Moisan, externe des Hôpitaux.

Le 9 juin 1908, entrait dans le service de M. le professeur Duret, le jeune Julien X..., âgé de 7 ans, pour une luxation métacarpophalangienne de l'index droit, consécutive à la chute d'un couvercle de coffre de bois sur la main.

N'ayant pas vu les parents, nous n'avons pu obtenir de l'enfant des

4

renseignements précis sur les circonstances de l'accident; d'après ses explications, il aurait eu les doigts appuyés sur un plan résistant, et le couvercle tombant sur la main au niveau du second métacarpien, aurait occasionné une luxation *par cause directe.*

Extérieurement, aucune malformation, aucun symptôme ne manifeste la luxation. Pas de saillie apparente; le raccourcissement est nul ou insignifiant; l'index, un peu augmenté de volume, est dans l'axe de la main ou plutôt en légère extension.

A la face palmaire, fait intéressant, existe, au niveau du pli correspondant à l'articulation. un *pincement de la peau* assez prononcé, et dont nous verrons l'explication plus loin.

Les mouvements spontanés sont impossibles. La palpation nous renseigne immédiatement sur la nature de l'affection; elle nous révèle, en effet, avec une vive douleur dans toute la région, l'absence de la tête du métacarpien à la face dorsale de la main, et sa présence à la face palmaire, venant faire saillie sous la peau, au-dessous du pincement. Les mouvements communiqués manifestent également la solution de continuité entre les surfaces articulaires.

Il s'agit donc bien d'une luxation et, vu cette pauvreté de symptômes extérieurs et l'impossibilité de faire la réduction, d'une luxation complexe.

La radiographie confirma le diagnostic; l'épreuve montra que le condyle n'était plus au contact de la cavité glénoïde de la phalange, mais bien plus avant, et que celle-ci était non pas à cheval sur le métacarpien, comme cela a lieu dans les luxations simples, mais plutôt parallèle à ce dernier.

C'était donc une luxation qui, *primitivement simple, était devenue complexe par suite des manœuvres malheureuses de réduction faites par des personnes peu autorisées, et qui nécessitait une intervention.*

Elle eut lieu le 11 juin. M. le professeur Duret, préférant l'opération à ciel ouvert à la méthode sous-cutanée de Jalaguier, procéda à l'aveugle, fit une incision de quelques centimètres sur la face dorsale du métacarpien et de la première phalange de l'index; puis, après avoir écarté les tissus sous-jacents, il dégagea l'extrémité de la phalange, le ligament glénoïdien qui, avec les ligaments latéraux, constituait un obstacle invincible à la réduction du condyle situé plus avant à la face palmaire. Le ligament glénoïdien fut sectionné, et la coaptation des deux surfaces articulaires put se faire immédiatement; en même temps disparut aussi le pli de la face palmaire signalé plus haut. La plaie fut refermée par quelques points de suture; un pansement fut appliqué avec un appareil plâtré pour maintenir la réduction.

Le 23, le pansement fut refait, le tout était en bonne voie de guérison Quelques jours après, pansement et appareil furent enlevés, et notre petit malade sortait de l'hôpital après avoir récupéré tous les mouvements de l'index.


## OBSERVATION VII

Morestin. Société anatomique, octobre 1905

Marcel N..., 10 ans, entra le 10 septembre 1905 à l'hôpital Saint-Louis (service temporaire d'enfants).

Ce jeune garçon jouait avec son frère le 8 août, quand survint l'accident. Voici la version qui nous a été donnée de cet accident. Marcel N... avait les doigts de la main posés sur un plan résistant, quand son frère, venant à tomber lourdement, pesa de tout son poids sur le dos de la main, ce qui eut pour conséquence de porter tous les doigts mais surtout l'index dans l'hyperextension. L'enfant prétend n'avoir éprouvé aucune douleur, mais une déformation se produisit instantanément au niveau de l'index. Un médecin consulté fit quelques tentatives de réduction, mais sans succès. Les parents attendirent alors plus d'un mois sans prendre un parti. L'accident avait eu lieu le 8 août, c'est seulement le 10 septembre qu'il fut présenté à l'hôpital.

Comme on peut en juger par la photographie, la déformation n'est pas très considérable au premier abord. L'index semblait raccourci très légèrement et présentait à sa racine une sorte d'empâtement, d'épaississement. Le doigt était en extension assez marquée et l'on notait du côté palmaire, au niveau de l'extrémité antérieure du deuxième métacarpien, un relief faiblement accusé en somme. Le doigt exécutait spontanément des mouvements d'extension et de flexion, mais ces mouvements se passaient dans les articulations interphalangiennes.

Le 12 septembre, le sujet fut endormi et sous le chloroforme nos efforts restèrent infructueux.

Le 15 septembre, je pratiquai la reposition sanglante. Je fis une inci-

sion de quatre centimètres sur le bord externe du deuxième méta
carpien et de la phalange et dans le champ de l'incision disséqu
soigneusement la région articulaire.

Un petit nerf, le collatéral dorsal du doigt, fut reconnu et écarté
Puis j'aperçus le tendon extenseur et mis à nu l'expansion aponévro
tique en forme de manchon qu'il envoie autour de l'articulation
J'incisai ce plan fibreux et pus reconnaître encore le tendon de l'inter
osseux du premier espace s'attachant à la base de la phalange e
déplacé avec elle. Je libérai au bistouri la base de la phalange, puis l
partie accessible du métacarpien. Les tractions exercées par le doig
étant encore impuissantes à ramener en place la phalange, je m
servis d'une rugine courbe, d'abord pour rompre les adhérences e
contournant le bout du métacarpien et ensuite comme levier po
pousser en avant la phalange. La reposition fut effectuée. Je plaçai un
point de suture sur le manchon aponévrotique et refermai la plaie
cutanée avec des fils de soie. Pas d'autre appareil que des compresses
disposées avec soin pour empêcher le déplacement des os et une bande
de crêpe un peu serrée.

Les suites opératoires furent bonnes. Le petit malade quitta l'hôpital le 22 septembre, la plaie cicatrisée, les fils enlevés. La région
avait repris sa configuration normale.

Le 27 septembre, on constate que l'articulation reste empâtée,
enraidie, bien qu'indolente.

Depuis la situation s'est graduellement améliorée. Actuellement
Marcel N... se sert constamment de sa main droite, il n'en souffre aucu-
nement.

Les mouvements de flexion et d'extension s'exécutent dans l'articulation reconstituée, mais ils sont limités, ils n'atteignent pas la
moitié de l'amplitude normale. Les mouvements de latéralité sont à
peu près abolis. L'articulation reste en somme raide et imparfaite et le
sujet utilise surtout les jointures inter phalangiennes.

## OBSERVATION VIII

Luxation de l'index en arrière. — Arthrotomie sous-cutanée. (Jalaguier.
Archives générales de médecine, février 1886.)
(Résumé)

Quetteville, âgé de 11 ans, se luxa l'index droit en se heurtant, ce
doigt étendu, contre un arbre. Il chercha lui-même à réduire sa luxation, et d'autres tentatives de traction furent faites à plusieurs
reprises, mais sans succès.

Le lendemain, à l'hôpital Trousseau, M. Jalaguier constate les faits
suivants : l'axe de l'index correspond à l'axe du métacarpien, les
deux dernières phalanges légèrement fléchies; une saillie arrondie,
formée par la tête du métacarpien, soulève l'extrémité externe du
pli palmaire moyen et la partie correspondante du bord externe de
la main, dont le diamètre antéro-postérieur était, à ce niveau, très
notablement augmenté. Sur la face dorsale, l'extrémité supérieure
de la phalange, difficile à sentir, était déjetée du côté du médius et
tendait à se cacher dans l'espace interosseux. Les tendons fléchisseurs
étaient portés en dedans et la tête mécatarpienne était sortie entre
ces tendons et le premier interosseux dorsal.

Le raccourcissement n'était que d'un centimètre environ. L'extension était possible, mais la flexion abolie. Cette luxation, primitivement simple, avait été, par suite de tentatives de réduction mal con-
duites, transformée en luxation complexe.

L'enfant étant endormi. M. Jalaguier cherche à réduire la luxation
en employant le procédé de Farabeuf. Après deux ou trois tentatives,
les os paraissaient remis en place, mais ce n'était « qu'une apparence »,
et les surfaces métacarpo-phalangiennes n'étaient pas en contact.

Deux jours après, selon l'avis de M. Farabeuf, M. Jalaguier se
décide à sectionner le ligament glénoïdien par l'incision sous-cutanée.
Il enfonce un ténotome dans une boutonnière de deux centimètres
faite à la peau sur la face dorsale, en dehors du tendon extenseur. Le
ténotome, parallèle à ce tendon, est maintenu couché sur le dos de
la main, jusqu'à la facette articulaire, et la pointe abaissée, sans per-
dre le contact de la cavité glénoïde, vient attaquer sur la face dorsale
du métacarpien le ligament glénoïdien interposé, qu'elle occupe, en

appuyant sur cette tête l'espace d'un centimètre. « Je sentis très nettement, dit M. Jalaguier, que je coupais quelque chose du ligament glénoïdien, je retirai l'instrument. M. Farabeuf essaya de réduire et perçut un peu de résistance. Le ténotome fut introduit de nouveau, et suivant, cette fois, minutieusement, la surface articulaire de la phalange, je sectionnai encore une partie notable de la bande glénoïdienne, sans doute la portion immédiatement contiguë au bord antérieur de la cavité phalangienne. J'eus alors la satisfaction de voir M. Farabeuf réduire aussitôt avec la plus grande facilité. »

Lavage à l'eau phéniquée, occlusion de la plaie avec du collodion iodoformé. Pansement de Lister.

Cinq jours après, renouvellement du pansement, léger gonflement, la plaie est fermée.

Sept jours plus tard, un peu de gonflement, mais pas de douleur à la pression. Possibilité des mouvements communiqués et spontanés.

Sept mois plus tard, M. Jalaguier revoit son malade. Le résultat est excellent; les surfaces sont dans leurs rapports normaux; mais il existe encore un peu de raideur de l'articulation; l'amplitude des mouvements de flexion et d'extension ne dépasse pas 45°. Mais M. Jalaguier ne doute pas « que d'ici à quelques mois l'articulation n'ait retrouvé l'intégralité de ses mouvements ».


## OBSERVATION IX

Luxation complexe en arrière de l'articulation métacarpo-phalangienne du 5me doigt. — Irréductibilité. — Arthrotomie.— Réduction. — Guérison complète. (Docteur Monprofit, chirurgien-adjoint à l'Hôtel-Dieu d'Angers, professeur suppléant de clinique chirurgicale.)
Publiée in Thèse de Fruchaud, Paris, 1891, n° 22.


M. B..., âgé de 35 ans, très robuste, fut victime, le 20 février 1891, de l'accident suivant : faisant une course en bicyclette, et marchant assez vite, il tomba et fut projeté à terre en avant, les bras étendus. Les paumes des mains portèrent violemment sur le sol, et en même temps le blessé éprouva une très vive douleur dans le petit doigt de la main gauche. Après s'être relevé, il s'aperçut que ce doigt était déformé et qu'*il était redressé à angle droit* sur le dos de la main; les mouvements étaient complètement impossibles.

Son premier soin fut de *rabattre* vigoureusement le doigt ainsi déformé ; il le rabattit en effet et réussit à le remettre à peu près droit, mais il se rendit très bien compte que la luxation n'était pas réduite et que la liberté des mouvements n'était pas revenue.

Deux médecins que le blessé consulta constatèrent aussitôt une luxation irréductible du cinquième doigt et employèrent vainement les manœuvres classiques en pareil cas.

Je vis le malade le 21 février, le lendemain de l'accident. La région articulaire est le siège d'une douleur vive et d'un gonflement assez prononcé. On peut néanmoins se rendre compte des détails suivants : en palpant la face palmaire de l'articulation, on trouve une forte saillie, soulevant la région au niveau de l'extrémité interne du pli palmaire inférieur. Cette saillie est manifestement constituée par la tête du métacarpien, à la face dorsale, où on rencontre l'extrémité supérieure de la phalange chevauchant sur le dos du métacarpien, sans avoir dévié ni en dedans ni en dehors. Le tendon extenseur est tendu et rejeté vers la partie externe. Les téguments de la racine du doigt sont plissés et comme tassés, le doigt est raccourci d'environ un demi-centimètre. La direction du doigt est à peu près rectiligne, avec une légère coudure au niveau de l'articulation, due à la saillie phalangienne à la face dorsale.

La luxation métacarpo-phalangienne est évidente et le commémoratif fourni par le blessé au sujet du rabattement opéré par lui aussitôt après l'accident n'est pas moins net. Il est évident que la luxation a été rendue complexe par cette manœuvre. Les tentatives de réduction, très bien dirigées par mes deux confrères et leur insuccès montrent bien qu'il en est ainsi.

Bien que je n'aie guère d'espoir de réduire, en répétant les manœuvres déjà faites, je crus devoir faire une tentative avant de pratiquer une opération.

Je relève donc le doigt en extension forcée en renversant même la phalange en arrière sur le dos du métacarpien, et dans cette situation j'essaie de faire progresser la base de la phalange sur le dos du métacarpien. J'emploie en un mot la manœuvre qui a été si bien indiquée par les travaux de Farabeuf sur la luxation du pouce. J'arrive ainsi à mettre la phalange et le métacarpie sur la même ligne, mais l'extrémité des deux os reste séparée par un espace très appréciable, et la phalange conserve la même tendance à remonter sur le dos du métacarpien, comme si quelque chose était interposé; plusieurs fois je répète cette manœuvre et à chaque fois j'ai la sensation qu'une sorte de plan incliné est intercalé entre la phalange et le métacarpien; sur ce plan incliné, la phalange glisse toujours vers la face dorsale.

Devant cet insuccès prévu, je me décide à faire l'arthrotomie. Je pratique l'opération suivante :

Le malade étant chloroformé et la région savonnée et désinfectée à froid, je fais, sur le bord interne de l'articulation métacarpo-phalangienne, une incision longitudinale d'environ deux centimètres que je pousse à la rencontre de la phalange et du métacarpien.

Après avoir ainsi mis à nu l'interligne articulaire, en exerçant une forte traction sur le doigt, je vois très nettement l'extrémité phalangienne, séparée de la tête métacarpienne par une lame fibreuse dont j'aperçois la tranche. Il s'agit évidemment du ligament sésamoïdien, arraché de son insertion métacarpienne et relevé entre les surfaces articulaires. Je tentai de saisir ce ligament avec une pince et de le rabattre à la face palmaire de l'articulation, je ne pus y réussir et l'irréductibilité persistait toujours, l'articulation ouverte là sous mes yeux.

Au moyen d'un bistouri à lame étroite, je sectionnai alors le ligament sésamoïdien contre la cavité articulaire de la phalange; cette section se fit très facilement, et ayant ensuite fait exécuter quelques mouvements de flexion à l'articulation, la réduction se produisit tout à coup avec un bruit absolument caractéristique du retour au contact des deux surfaces articulaires. Les mouvements de l'articulation redeviennent dès lors très faciles et la réduction se maintient parfaitement.

La plaie fut fermée complètement au moyen de trois fils de soie aseptiques. Aucun drainage ne fut placé, et la main, enveloppée dans un pansement antiseptique, fut soutenue par une écharpe. Le malade put retourner chez lui, le soir même, à douze lieues d'Angers.

Les suites furent des plus simples et des plus favorables. Le blessé n'éprouva jamais ni douleur ni fièvre : le premier pansement fut fait au bout de huit jours. La réunion était complète, les fils furent enlevés, les mouvements revinrent peu à peu, et au bout de quinze jours la mobilité de l'articulation était complète et son indolence parfaite. Le blessé m'a écrit depuis pour me dire que les mouvements de son doigt étaient complètement revenus et qu'il n'éprouvait point la moindre gêne de ce côté.

## OBSERVATION X

M. TERRIER

*In* Thèse de Michelot, 1883, Paris
(Résumé)

17 mai. Cet après-midi, R..., 45 ans, est tombé et le rouleau d'une machine à écraser le macadam lui est passé sur la main. Tout a été protégé par les cailloux avoisinants, excepté un point de la face dorsale du deuxième métacarpien, sur lequel, dit-il, le rouleau a passé.

Aussitôt après l'accident, constatant une plaie de la région palmaire de la main, souffrant à ce niveau, il est allé chez un médecin qui, n'ayant pu lui extraire un caillou qu'il avait cru voir dans la plaie, lui a donné le conseil d'aller à l'hôpital. A son entrée. il présente les symptômes suivants : plaie contuse siégeant immédiatement au-dessous de la partie externe du pli moyen de la main, à travers laquelle fait issue la tête du métacarpien.

On constate les symptômes ordinaires de la luxation en arr'ère. L'interne de garde fait les manœuvres indiquées par Farabeuf. La réduction n'est qu'apparente. Antisepsie de la plaie. Deux points de suture et pansement de Lister.

18 mai. Les douleurs sont moins vives; mais sur la face dorsale existe une dépression au niveau de l'extrémité du métacarpien.

Certains mouvements sont possibles.

19 mai. M. Terrier diagnostique une luxation avec interposition du ligament glénoïdien, enlève les points de suture et fait en vain des tentatives de réduction sans chloroforme.

20 mai. M. Farabeuf porte le même diagnostic, et, après avoir endormi le malade il procède à la réduction en poussant en avant la phalange placée dans l'extension à angle droit, pendant qu'il appuie fortement sur la tête du métacarpien.

Dans les premières manœuvres, il ne peut arriver au contact osseux et à la sensation de quelque chose d'interposé, probablement le ligament antérieur. Continuant à presser, il finit par établir un contact osseux; alors, grattant d'arrière en avant le dos du métacarpien, il rejette le fibro-cartilage et rabat ensuite le doigt. Réduction complète, un appareil plâtré dorsal, pressant le doigt et le dos de la main, immobilise les parties malades dans une attitude moyenne.

La suppuration commence quelques jours plus tard.

7 juin. Localement il reste toujours un gonflement assez considérable de la main. Au dos on trouve une sorte de phlegmon chronique suppuré. En remuant l'index, on sent des craquements, indice d'une destruction de cartilages, au niveau de l'articulation.

# CONCLUSIONS

I. Les luxations complexes des quatre derniers doigts sont des lésions relativement peu fréquentes, mais dont l'étude est du plus haut intérêt pratique.

II. Comme celles du pouce, elles sont dues à la transformation d'une luxation simple complète en luxation complexe par le retournement du ligament glénoïdien métacarpo-phalangien. Ce retournement est ordinairement le résultat d'une manœuvre intempestive de réduction de la luxation simple complète.

III. Leurs caractéristiques cliniques sont : l'immobilisation du doigt en extension, leur irréductibilité habituelle par les moyens de douceur, même dans les cas récents; ces signes principaux permettront, avec l'examen direct, de faire le diagnostic qui sera au besoin contrôlé par un examen radiographique.

IV. Le pronostic fonctionnel de ces lésions est sérieux : l'immobilisation d'un doigt en extension est susceptible de réduire dans de notables proportions les fonctions ouvrières de la main.

V. Le traitement doit être avant tout prophylactique. Il faut bien connaître les luxations simples complètes des doigts et leur mécanisme pour savoir les réduire et éviter de les transformer en luxations complexes. En présence d'une luxation complexe, on essayera d'abord la réduction par les moyens de douceur (c'est-à-dire la manœuvre de Farabeuf). En cas d'échec, il faudra recourir sans hésiter à l'intervention sanglante, qui sera de préférence l'arthrotomie à ciel ouvert. La résection aura aussi, plus rarement, quelques indications.

Vu et approuvé :
Montpellier, le 9 Février 1909.
*Le Doyen,*
MAIRET.

Vu et permis d'imprimer :
Montpellier, le 9 Février 1909
*Le Recteur,*
A. BENOIST.

# INDEX BIBLIOGRAPHIQUE

BIDE. — Thèse de Paris, 1879.

BOYER. — Leçons sur les maladies des os, t. I.
— Traité des maladies chirurgicales et des opérations qui leur conviennent, Paris, 1845.

CHASSAIGNAC. — Traité clinique des opérations chirurgicales, t. II.

CRUVEILHIER. — Anatomie descriptive.

DUCHENNE (de Boulogne). — Physiologie des mouvements.

DUPLAY et RECLUS. — Traité de chirurgie.

DUPUYTREN. — Leçons orales de clinique chirurgicale recueillies par les docteurs Brierre de Boismont et Marx. Paris, 1839, 2me édition, t. II.

FARABEUF. — Bull. Société de chirurgie de Paris, 1876.

FORGUE. — Précis de Pathologie externe, t. I.

FORGUE et JEANBRAU. — Guide du médecin dans les accidents du travail, 2me édition.

FRUCHAUD. — Thèse de Paris, 1891, nº 22.

HUGUIER. — Archives générales de médecine, 1873.

JALAGUIER. — Archives générales de médecine, février, 1886.
— Thèse d'agrégation, Paris, 1886.

JAPIOT. — Thèse de Paris, 1875.

JOÜON. — Gazette médicale de Nantes, 1906.

LE DENTU ET DELBET. — (CAHIER), Nouveau traité de chirurgie, 1908, tome VI.

LONGUEVAL. — Thèse de Lille, 1887.

MALGAIGNE. — Traité des fractures et des luxations, tome II
— Traité d'anatomie chirurgicale, tome VI.
— Journal de chirurgie, 1843.

MARCHAND. — Thèse d'agrégation, Paris, 1875.

Moisan. — Journal des Sciences médicales de Lille, n° 4, 23 janvier 1909.

Mollière. — Deuxième Congrès français de chirurgie, 1886.

Morestin.—Bulletin de la Société anatomique de Paris, 1905, pag. 757-760.

— Annales de la Société belge de chirurige et Journal de chirurgie, 1906.

Nélaton et Péan — Eléments de pathologie chirurgicale, t. III.

Ollier. — Traité des résections.

Pailloux. — Thèse de Paris, 1829.

Pichon. — Archives générales de médecine, 1906, pages 24-28.

Poirier. — Archives générales de Médecine, 1889.

Polaillon. — Dict. Encycl. des sciences médicales, Art. Doigt.

— Bulletin de la Société de chirurgie, 1883.

Riche. — Montpellier Médical n° 51 (1908).

Robson. — The Lancet, 1890.

Sappey. — Anatomie descriptive.

Stimson. — New-York Med. Journal, 1889.

Taaffe. — The Lancet, 1873.

Testut. — Anatomie humaine.

Testut et Jacob. — Anatomie topographique.

Tillaux. — Traité d'anatomie topographique.

— Société de chirurgie, 1875.

Vanverts. — Annales de la Société belge de chirurgie et Journal de chirurgie, 1906.

# SERMENT

En présence des Maîtres de cette Ecole, de mes chers Condisciples et devant l'effigie d'Hippocrate, je promets et je jure, au nom de l'Être Suprême, d'être fidèle aux lois de l'honneur et de la probité dans l'exercice de la Médecine. Je donnerai mes soins gratuits à l'indigent et n'exigerai jamais un salaire au-dessus de mon travail. Admis dans l'intérieur des maisons, mes yeux ne verront pas ce qui s'y passe ; ma langue taira les secrets qui me seront confiés et mon état ne servira pas à corrompre les mœurs ni à favoriser le crime.

Respectueux et reconnaissant envers mes Maîtres, je rendrai à leurs enfants l'instruction que j'ai reçue de leurs pères.

Que les hommes m'accordent leur estime si je suis fidèle à mes promesses.

Que je sois couvert d'opprobre et méprisé de mes confrères si j'y manque.

www.ingramcontent.com/pod-product-compliance
Lightning Source LLC
Chambersburg PA
CBHW070828210326
41520CB00011B/2159